MERRY

blossoms

PRESS

Hi there!
If you enjoyed this
coloring book, please
don't forget to leave a
review on Amazon. Just a
simple review will help us
out a lot. Thank you! :)

Color Test Page

Color Test Page

You Are Talented

You Are Loved

Bonus
Activity Pages
For Extra Fun!

DOT TO DOT #01

JOIN THE DOTS (1-43) & COLOR THE DRESS

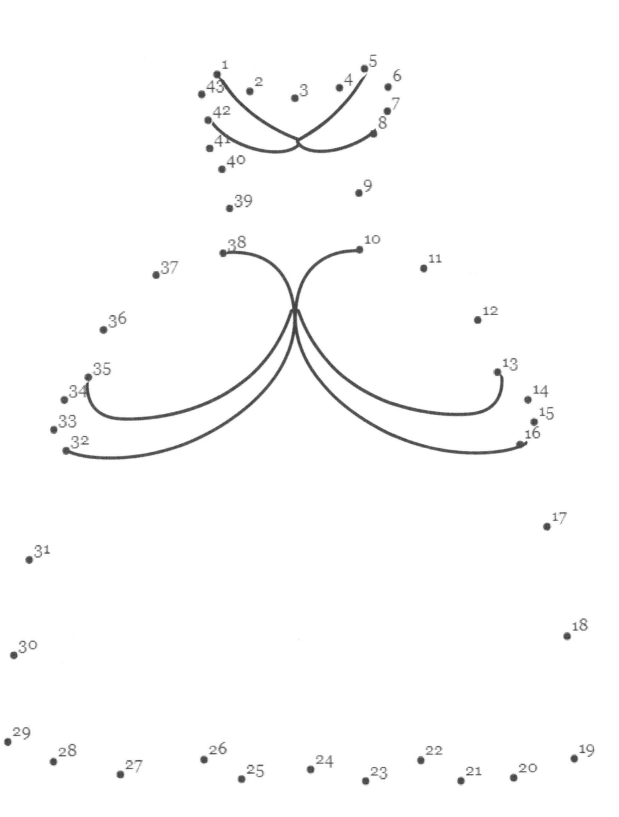

DOT TO DOT #02

JOIN THE DOTS (1-43) & COLOR THE DRESS

DOT TO DOT #03

JOIN THE DOTS (1-44) & COLOR THE DRESS

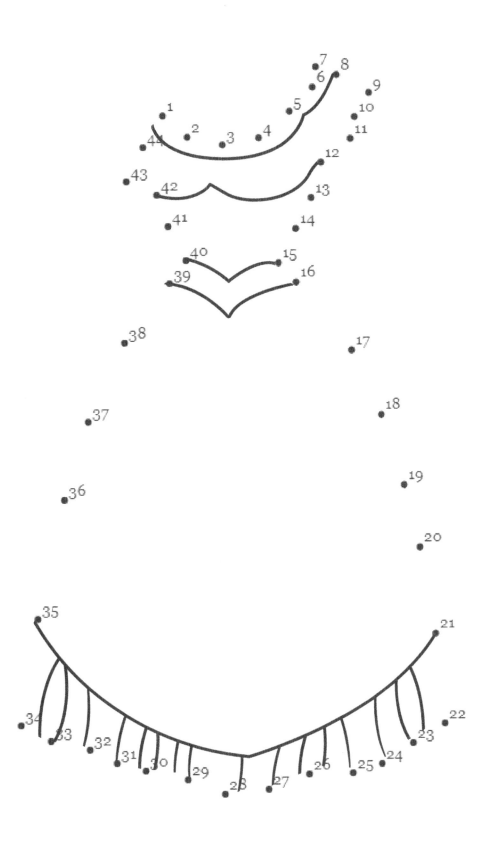

DOT TO DOT #04
JOIN THE DOTS (1-44) & COLOR THE DRESS

DOT TO DOT #05

JOIN THE DOTS (1-63) & COLOR THE DRESS

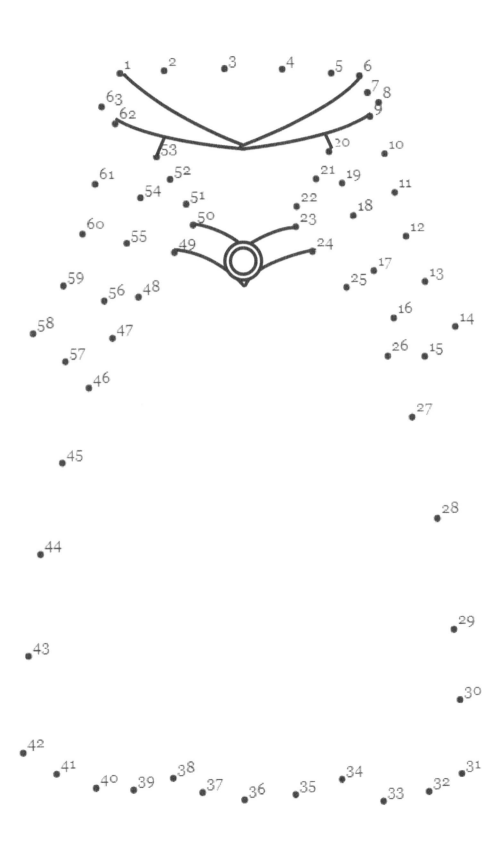

WORD SEARCH #01
THE PRINCESS YOU'LL BE

```
L L E C U R I O U S
E C U L T Z J H F T
X V O F B S I M X R
L S A N I A E R D O
O C M R F T P N Z N
V N A A B I U A O G
I P Z R R L D A C H
N G I Z I T X E E Z
G D N I K N Y Z N B
Q C G T N G G E X T
```

AMAZING	BEAUTIFUL
BRAVE	CAPABLE
CARING	CONFIDENT
CURIOUS	HONEST
KIND	LOVING
SMART	STRONG

WORD SEARCH #02

ALL THINGS UNICORNS

```
I  J  B  M  A  G  I  C  A  L
S  N  Q  E  B  S  D  O  O  W
D  J  R  W  L  B  F  T  M  I
G  U  M  O  O  I  N  P  P  N
Z  A  O  D  H  B  E  R  X  G
B  A  L  L  R  I  N  V  C  S
P  N  D  L  C  E  M  I  E  L
O  C  R  T  O  S  A  A  A  O
E  L  K  R  A  P  S  M  L  R
N  R  O  C  I  N  U  X  S  M
```

BELIEVE	CLOUD
DREAMS	GALLOP
HORN	MAGICAL
RAINBOW	SPARKLE
UNICORN	WINGS
WOODS	

WORD SEARCH #03

A PRINCESS'S WORLD

```
I  H  Y  R  O  S  E  S  X  K
X  E  P  R  I  N  C  E  N  V
P  Y  G  C  I  A  K  W  I  J
R  W  R  A  N  A  R  A  I  T
I  O  Z  S  I  E  F  N  Z  E
N  J  R  T  P  R  D  D  O  Y
C  B  O  L  T  V  R  R  N  C
E  B  R  E  W  O  T  A  A  D
S  F  L  O  W  E  R  P  C  G
S  T  D  N  O  M  A  I  D  Z
```

CARRIAGE	CASTLE
DIAMOND	FAIRY
FLOWER	GARDEN
PRINCE	PRINCESS
ROSES	TIARA
TOWER	WAND

WORD SEARCH #04

A PRINCESS'S WORLD

```
I J K Y E S R O H P
V I N S R C M T L A
N A T P X L N S R R
U H R H R G E A D T
P H R O G W G W D Y
F Q N M R I N N E T
N B U B I R N A I J
I W I E A K I K G K
T A O M E L Y M M Z
Y L L G K N L Y G V
```

BALL	DANCE
GOWN	HORSE
JEWELRY	KING
KNIGHT	MIRROR
MOAT	PARTY
QUEEN	

MAZE #01

Help the unicorn find its
way to the forest!

MAZE #02

Help the unicorn find its
way to the forest!

MAZE #03

Help the unicorn find its way to the castle!

MAZE #04

Help the unicorn find its
way to the castle!

MAZE #05

Help the princess
find her shoe!

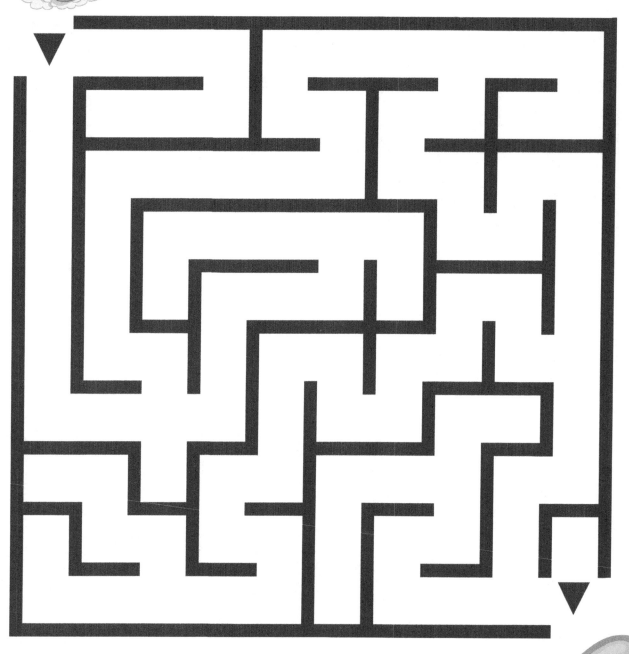

MAZE #06

Help the princess
find her mirror!

MAZE #07

Help the princess find her
way to the carriage!

MAZE #08

Help the princess
find her seat!

ANSWER KEY

WORD SEARCH #01

	L	E	C	U	R	I	O	U	S
E	C	U	L	T				T	
	V	O	F	B	S				R
L	S	A	N	I	A	E			O
O	C	M	R	F	T	P	N		N
V	A	A	B	I	U	A	O	G	
I		Z	R	R		D	A	C	H
N			I		I	T		E	E
G	D	N	I	K	N			N	B
		G			G				T

WORD SEARCH #02

		B	M	A	G	I	C	A	L
	N		E		S	D	O	O	W
D		R	W	L					I
G	U		O	O	I				N
	A	O	D	H	B	E			G
		L	L	R		N	V		S
			L	C	E		I	E	
				O		A		A	
E	L	K	R	A	P	S	M		R
N	R	O	C	I	N	U		S	

WORD SEARCH #03

		Y	R	O	S	E	S		
	E	P	R	I	N	C	E		
P		G	C	I			W		
R			A	N	A	R	A	I	T
I			S	I	E	F	N		
N			T		R	D	D		
C			L			R	R		
E		R	E	W	O	T	A	A	
S	F	L	O	W	E	R		C	G
S		D	N	O	M	A	I	D	

WORD SEARCH #04

			Y	E	S	R	O	H	P	P
						R	C			A
		T				L	N			R
		R	H			E	A			T
			O	G			G	W	D	Y
	Q			R	I		N	E		
N		U	B		R	N		I	J	
	W		E	A		I	K		K	
T	A	O	M	E	L		M			
		G			N	L				

ANSWER KEY

MAZE #01

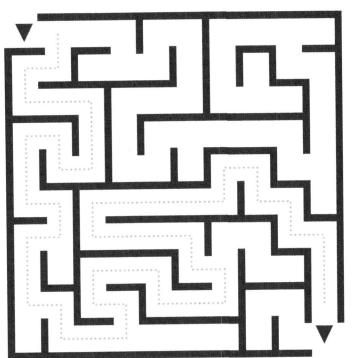

MAZE #02

MAZE #03

MAZE #04

ANSWER KEY

MAZE #05

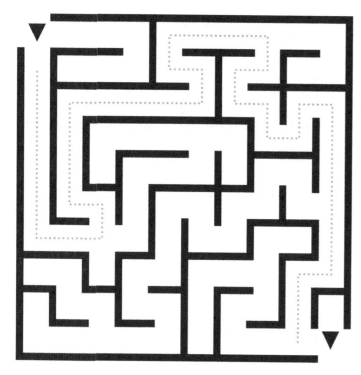

MAZE #06

MAZE #07

MAZE #08

Hi there!
If you enjoyed this
coloring book, please
don't forget to leave a
review on Amazon. Just a
simple review will help us
out a lot. Thank you! :)

HAVE YOU COLLECT THEM ALL?

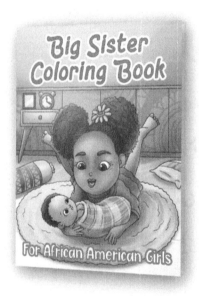

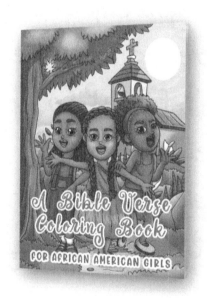

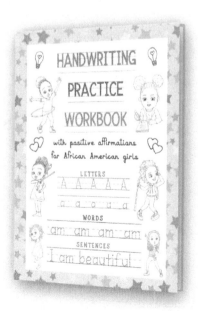